Aquesta obra ha estat publicada a través d'Amazon i té drets d'autor; per tant, està prohibida la seua reproducció total o parcial, per qualsevol mitjà o procediment, sense comptar amb l'autorització prèvia, expressa i per escrit de l'autor. Tota forma d'ús no autoritzada serà perseguida conforme a l'establert als drets de propietat intel·lectual.

© Alejandro S. Oltra Sangenaro, 2017
Portada de Miquel Mollà
E-mail: alejandrosantiago17@gmail.com

Podeu seguir l'autor a:

Alejandro S. Oltra

elmitedelataverna-alejandrosantiago.blogspot.com.es

alejandros.oltra

@alejandro_oltra

VERSOS JOVES

Alejandro S. Oltra

AUTOEDICIÓ

Índex

Pròleg de Lucía Navarro ... 9
Pròleg de l'autor ... 11
Versos Joves ... 15
   Un dia ... 17
   Sigues tranquil, vell amic ... 19
   Ací ho tinc tot ... 21
   No som cap titella ... 22
   Ha caigut una altra fulla ... 24
   El sol i la lluna ... 26
   T'admire ... 27
   No es el wendigo ... 28
   Herència per part dels mal nascuts ... 29
   Avorrir-te ... 30
   Tímid desig ... 31
   A favor meu ... 32
   Ubi sunt ... 34
   Que li diga Cípria a un servidor ... 36
   Buscant el despertar ... 37
   Pots viure ... 39
   L'amfiteatre trèmul ... 42
   Una oda de merda ... 43
   Abnegació ... 45
   Un greu accident ... 46
   A Virginia i a Juan ... 48

Concomitància	51
Una victorieta	54
Dis-li	56
Vine i despulla'm sense por	58
Valor	59
La bici	61
Jugue des del previ	62
De vegades dubte	63
Ahí va	64
Un amic	65
Un dia festiu	67
No vull anar	69
Perquè	71
Incomprensió	74
"......"	75
Anònims	77
Nou romàntic esvoranc	79
Tres motius principalment	80
Les *sombres* d'una mentida	82
29 del 7 del 2014	83
¡Molt difícil!	85

Annex 1: Avançament de *La inenarrable Rondalla d'Aquell Món que tant coneixem i desconeixem* ... 89

Annex 1: Avançament del llibre *PARLAR^2 = Parlar per parlar* ... 107

Pròleg de Lucía Navarro

L'obra juga magistralment amb l'actualitat i l'embruixament de l'etern. Al llarg de quaranta-dos poemes, no deixa de sorprendre, passant del tall afable i amistós a la crítica social, a les reflexions profundes, dures i/o esperançadores, al tall romàntic, amb brutalitat impactant o amb una dolçor inesperada, tocant també el cinisme mordaç per emmascarar el dolor de la impotència quan mossega fort.

El poemari que tens entre les teues mans ofereix un passeig per les distintes emocions i sentiments de l'autor (com, per exemple, l'angoixa existencial, la impotència i l'enyorança), i també els seus valors (tals com la fermesa, la incondicionalitat, el positivisme, l'afecte, el respecte, l'esperança, la voluntat i l'admiració), així com pels contrastes "brutalitat/dolçor", esguitats de significatives simbologies i la cruesa més nua. Llegir a Alejandro transporta a mons paral·lels que recorden la saviesa dels vells, el rigor dels clàssics i l'empenta furiosa de la rebel·lia impenitent, on podràs notar com t'acarícia una fulla en caure o el colp sense avisar d'un enfurismat vent.

El to privat que l'autor fa servir, com si estaguera xiuxiuejant-t'ho directament a les venes −al mateix temps que els seus dits acaricien les tecles del piano que sosté la seua copa de vi rosat–, crea una atmosfera íntima on les notes envaeixen l'estància i, pot ser, els sentits.

No tindràs prou amb gaudir-ho una sola vegada.

Ara et convide a submergir-te al món d'Alejandro, al qual assegura:

"(...) i quan ho pense,
pense en tu... com sempre".

Lucía Navarro Luna

Pròleg de l'autor

Aquest llibre és el cúmul d'uns quants poemes escrits des dels meus inicis d'escriptura en valencià: són els meus primers poemes en la meua llengua. No pretenc fer ací un pròleg llarg, sinó simplement donar les gràcies a aquelles persones que m'han recolzat en la creació d'estos escrits. En primer lloc, les més sinceres gràcies a Miquel Mollà, per la seua ajuda desinteressada i de tan alt valor. En segon lloc, he d'agrair també la gesta de recolzar-me –que, cregueu-me, ho és, una gesta–, als amics, als professors i als de casa, però especialment a Marina Zaragozà, qui va tenir la gran paciència d'ensenyar-me tot el que sabia sobre poesia i, més generalment, sobre literatura. Marina i jo no vam tenir tant de temps com hagués volgut per a dur a terme tots els projectes que teníem en ment, perquè fa poc que ens va deixar. Tot i això, ella es va comprometre a prendre'm com un dels seus deixebles, em dedicava tot els temps que bonament podia –que era molt, al meu paréixer, veient tota la feina que tenia sempre– i llegia i rellegia les meues paraules per tal de donar-me sempre els seus millors consells, la seua opinió i les seues correccions. Mai podré estar-li tot l'agraït que es mereixia. Ella em va inculcar la importància de defendre la nostra llengua i d'utilitzar-la, de conéixer-la tal com és, una gran llengua, i em va ensenyar la importància del seu passat; a més, va sembrar en les meues lletres l'estima per una escriptura com la que desitjàvem oferir al món, una escriptura de qualitat. Si ho he aconseguit, ha sigut segurament en gran mesura gràcies a ella. Per això, i per molt més: moltíssimes gràcies, Marina.

VERSOS JOVES

Un dia

Un dia com un altre
sent de colp la falta que em fas.
Un dia sense tu
es com navegar
perdut per la mar
divisant columnes de fum.
No hi ha altre ésser
ni humà ni inhumà ni animal
que a tu en res es puga assemblar
ni em negue el meu meréixer.
Però malgrat aquest sentiment
et dic que hi ha altres coses que sent
i que dins del teu pit d'acer
imagine un cor que val per cent,
i això si no més, perquè cada batec
és un colp de misteri i ressentiment,
d'enigma, de por, de necessitat i de plaer
que em porten dubte, coratge assumit i assossec,
mes si tornem a la falta
de la teua presència indispensable
bé puc afirmar, per no negar-te,
que m'ets una essència impensable,
i que faces el que faces
no em val el diccionari

ni tampoc la vida
per a entendre per què em faltes.

(Any: 2013)

Sigues tranquil, vell amic

Dis-me, amic,
què vols que et diga.
Ja ho sé:
són uns carnissers,
els agraden les carnisseries,
i si no en troben,
ja fan per trobar-ne,
puix són carnívors,
i per això inventen mentides.
Ens em descuidat,
i ara no aconseguim eixugar-te la sang...
Sé que dorms turmentat,
però no et queda més remei que callar.
Palomes ja no se'n veuen;
¿oronetes? Les han matat...
No hem fet evolució,
ens hem fet carrancs...

Més voldria jo,
benvolgut amic:
saber qui els dirigeix, i qui els governa,
conéixer cara a cara el seu rei:
¡faria regicidi! ¡S'han buscat la condemna!
No t'han respectat, ¡a tu, el més vell...!
Ho diré amb tot el respecte que puc:

són uns fills d'una gran purna,
la centella que inflamà la nostra ràbia...
Els parlaré com ells ens parlen,
amb eufemismes i paraules tècniques:
"esteu imputats pertot arreu,
i sou uns algolàgnics compulsius,
i als genitals, mantes tèrmiques...
La plebe crida de març els idus;
tant de bo que us sodomitze
un *equus africanus asinus.*"
Ja ho heu vist,
nosaltres també sabem fer populisme.
Sigues tranquil, vell amic,
que si cal,
morirem per patriotisme.

(Any: 2012)

Ací ho tinc tot

Mira, xiqueta:
ací tinc a mon pare, a ma mare, a l'altra mare,
la família, l'amistat, l'amor, la tranquil·litat,
les goses, les perres,
les xiquetes, la maseta de les idees,
el parc nou, el parc deu, *l'ecoparc*,
el *grupo*, el *poli*, *la Foieta*,
l'auditori, la *biblio*, la placeta,
l'escola, el trinquet,
el passeig, el castellet,
el cementeri, el calvari,
la rotonda del pilotari,
i els pilotaris, i els *llesaires*,
i els *moros i cristians*,
els veïns, els jubilats,
a Paco, a sant Pasqual,
i a santa Cecília, la serra "La Creu",
la basa curta, la llarga,
l'església, el crist i la mare de déu: ¡tot és meu!
¡Tot és ma casa!...
Dis-me, guapa... ¿on vols que vaja?

(Any: 2012)

No som cap titella

Que diguen merda si volen dir-la,
¡que sí,
que potser només sé parlar de Poesia!
¿I què m'importa si tinc o no el peus en terra,
si sé fer la "o" en un canut
o si estic deixant-m'ho
per pecat, per paraula o per fotut?
Que no vos donen per ningun lloc, que no,
que encara hi hauria massa justícia.

Sols sé que no he sabut fer res,
ni dir-te ni callar-te ni fer-te feliç:
a res d'això he pogut fer-me.
¡*Vae victis!*

Com creador maleït,
em sent el rei
quan dic que no
entre Goethe i Kurt Cobain.
¡Dissertem, companys,
i Déu salve la feina!
¡Dissertem! ¡Dissertem!:

"A dies grisos,
versos amb merda
i katanes de colors.

¡Que es prepare qui ens instigue,
que no ens calfen el cor ni l'orella!
¡Que no ens toquen els collons
que no som cap titella!
Que baixe eixe déu diabòlic a furgar-me,
si té valor, que baixe, i no s'ho pense,
que el convide a una ronda,
però quan li diga qui és,
que no plore:
que empasse saliva
i aguante com un home".

27 de juliol del 2015; 19:05 h

(Any: 2015)

Ha caigut una altra fulla

Ha caigut una altra fulla;
difícilment tornarà on estava.
El vent se l'emporta,
el temps se l'apropia.
La lluna no sé si està dins o fora,
i el sol eixirà demà
–supose–
com fa tots els dies.

Ja fa temps que van caient estrelles:
cauen com els mites,
impacten en el llac
i fan que l'aigua esguite
tot al seu voltant.
Quan la llacuna s'asserena,
la llum estel·lar es va apagant al fons,
i la diminuta i insignificant
i puta llum a dins titil·lant
a poc a poc es va difuminant.

No tardarà en caure una altra fulla
que el vent també s'emportarà,
i dona igual si la lluna estarà dins o fora
–supose–
perquè una estrella l'acompanyarà.
Fulla i estrella impactaran en el llac,

com farà amb el temps tot al seu voltant:
la llum s'anirà apagant al fons,
i la puta llum a dins titil·lant
a poc a poc s'anirà difuminant.

Divendres 3 de maig del 2013 (00:10 h)

(Any: 2013)

El sol i la lluna

¡Com va brillar el senyor Sol
el dia que va saber de la senyoreta Lluna!
La va veure en la llunyania, guapa com ninguna,
i la seua bellesa la va confirmar el vell mussol.

¡Però aquell amor platònic era impossible!
Pobre el Sol quan s'assabentà que la Lluna el fugia...
Va maleir aleshores la nit i el dia,
va intentar plorar i va emetre un calor insofrible.

Quin ardor va sentir
quan les estrelles li van dir
que a la Lluna igual que al dormir
el Sol mai els podria aconseguir.

¡Però, mira tu per on,
el que la segueix, l'aconsegueix!
Un dia el Sol es va creuar amb la Lluna;
l'oportú senyor Eclipsi
va fer de l'impossible
una realitat molt oportuna.

(Any: 2014)

T'admire

T'admire,
no com als mestres o com als pares.
Simplement t'admire.

Admire el teu pel, les teues orelles, el teu nas,
el teu coll, la teua boca, les teues dents,
els teus llavis, la teua llengua, la teua saliva, les teues mans,
els teus ulls, la meua mirada, les teues pupil·les,
la teua esquena, les teues pigues,
els teus braços, els teus muscles,
la teua panxa, el teu abdomen, les teues axil·les,
els teus dits, les teues ungles,
les teues venes, la teua sang,
els teus genolls, les teues cuixes,
el teu pit, el teu melic, els teus peçons,
el teu cul, el nostre joc,
els teus genolls, els teus peus, els teus talons.

T'admire, ¡t'admire!,
et mire, et remire i et torne a admirar.
Això és voler de tot cor,
i pensar, i pensar i recordar...

(Any: 2013)

No és el Wendigo

Hi ha un ésser misteriós
que vaga perdut de nit,
en la més profunda obscuritat.
Segurament ningú t'ho ha dit...

En un periple líric,
busca un cor per a conservar-se viu...
Diuen que fa molt de temps que no riu...
Diuen que va darrere d'un amor oníric.

Per a ell mai ix el sol.
Per a ell, la llum és la lluna.
Són les estrelles el seu consol.
És l'esperança la seua fortuna.

Potser et preguntes qui és tan miserable.
Potser la gent et diga que es tracta del Wendigo...
Però no, et parle de mi; ¿qui si no?
Vull pal·liar el fred amb el teu calor amable.

Les històries, el mites i els contes
narren sentiments considerables.
Ara bé: cor com el teu sols hi ha un.
No t'estranyes si el busquen mil bèsties admirables.

(Any: 2014)

Herència per part dels mal nascuts

Quan s'entronitza l'interregne del feréstec
l'anacoreta abandona tota moral,
perquè ja no és necessari fer ningun préstec
al que el savi considera contrari al mal.

Aleshores l'home comet uxoricidi
mentre ignorant busca el que jutja per alegria,
però arriba el moment en què troba desfici
per haver-se lliurat a l'epistemologia.

Un cudol vindria bé per a colpejar-lo
i d'una hòstia enviar-lo cap al llenyer
on quedaria amb tant de fast com bon gerro.

Per xaró, fideïcomís perdria a aquest carrer
allò que la lipotímia convertís en ferro
per a qui al seu darrere al món vingut hagués.

(Any: 2012)

Avorrir-te

¿Com puc avorrir-te i no tindre't ganes?
És impossible.
Sovint t'odie, t'estime i m'enfade,
però avorrir-te és inviable.

¿Com avorrir-te i rebutjar-te?
És utòpic, absurd i detestable.
Potser un dia deixe de buscar-te,
però és molt improbable.

¿Com avorrir-te, dis-me, i abandonar-te?
És que és inversemblant, irracional i fins i tot impensable.
No dic que en un futur puga no necessitar-te,
però avorrir-te ara és incomprensible –i, ¿qui sap
                                              si admirable?

(Any: 2013)

Tímid desig

Així com sols seient jo al teu costat
em plene d'alegria i em fa gust,
és quan em parles amb un bell somriure
quan el món em sembla que és bo i just.

A més a més, aleshores sóc:
sóc a la fi a dintre del teu cor;
ara sols em quedaria besar-te,
acaronar la teua pell com l'or;
llavors m'esforçaria en delectar-te
i res més que la mort faria por.

(Any: 2012)

A favor meu

Em sembla tot un déu
aquell qui pot seure al teu costat
i mirar-te sense por ni apocament.
Amb tu sap ballar la flama amb vigor,
amb tu ja comprenc la tempesta del falconer.
Per contemplar un dia més la bellesa dels teus llavis,
únicament per això em desperte dia a dia,
per a albirar en l'horitzó les noves llums
i invocar amb peu altern la ignota primavera.
L'hivern és llarg, i la nit, solitària i obscura;
m'ho ressona la tinta, congelada, crua;
però, a poc a poc el calor em saluda:
arriba la tendresa, es dissol l'amargura.
I ja s'ha diluït la neu,
ja creix el somni d'aquest poeta.
Els meus versos són la meua feina;
els meus sentiments,
la flor del vat que cresca.
Per fi el meu país deixa de ser petit,
per fi s'obri el teu cor i es deixa patrullar.
Recordant alades paraules d'un gran mestre,
faig paràfrasis, m'aclame a tu i em confesse:
et vull en el meu paradís,
és a dir, en el meu país,
i viure ben feliç
ara que tinc permís.

Diuen que l'amor correspost existeix,
i jo ho dic a favor meu...

Últimament em sent igual a un déu.

(Any: 2014)

Ubi sunt

¿On estan aquelles creences
més romàntiques i humanistes
de la humana i romàntica humanitat?

D'on no hi ha no es pot traure,
però es pot omplir on hi ha un buit.
No demane, evidentment,
una societat catòlica, apostòlica ni romana;
això per als de sentit comú,
per als conservadors mal conversadors.
Vaja persones, que es fiquen a la cara
eixes persones vils, autòmates i histriòniques,
que són tràgiques i còmiques màscares,
més cares, al cap i a la fi, que una imatge cara.
I ara, una vida, un número;
una mort, un número;
un sentiment, una suma restant,
summa incògnita.
Per no viure no vivim
ni en una societat de porcs ideals.
Per sentit incomú:
¡a la *rue* les *discos*;
a l'infern amb aquesta "democràcia"...!
A la terra la terra,
la pols a la pols...
tant de bo la gent a la gent.

¿On estan aquelles creences
que realment no sé si estan?
¿Ubi sunt illa tempora?

(Any: 2013)

Que li diga Cípria a un servidor

Que li diga Cípria a un servidor
si melancolia és sequera,
si tristesa continua siguent mania,
si l'amor és el que era.

No toque el clarinet qui no sap,
per favor, sinó qui l'alça...
Malentesos els justos, senyors,
que això és de mala raça.

Què pagaria jo per ser com tu,
o simplement per ser *carajillera*,
que els problemes no són cosa del *blues*,
però la pena la porte al cor,
com la senyera.

El vespre que passe l'últim tren
espere haver degustat veu mel·líflua,
haver provat la saliva bíblica:
cura i culpa d'esta ceguera olímpica.

(Any: 2015)

Buscant el despertar

Hem sentit moltes coses
en un món cercat per una serp gegant.
Molts intenten la revolució
i sols aconsegueixen rebel·lia sense fi.
¿No creus que tal com un ball,
ens obstinem en saber com moure bé els peus
quan l'important es sentir la música
i gaudir-la amb qui l'escoltes?
Mal fatal és sentir que l'altre
no s'adapta als teus ideals,
mes pèssim mal fatal és dubtar
si els teus ideals són els correctes...
¿Trobes acàs malestar més infecte?
Estem rodejats d'homes-màquina
que creuen tenir el sol damunt del seu cap,
però, en realitat, són ells qui fan estampides
per a col·locar-se allà baix.
Que per llàstima plore, sí,
quan veig, a mode d'aureola angelical,
la piràmide invertida que s'aferma
a sobre dels meus companys
i com si foren borregos
els governa i els cega i els fa mal...

Et conte aquesta *locura* perquè,
dins del dubte en què estic,

perdut en la incertesa d'estar obrant mal,
voldria que et fixares en els xicotets detalls,
que jo, atine o desatine, no puc sempre interferir
en el teu dia a dia ni en el teu pas a pas.
No vull ser el teu botxí ni el teu senyor,
no puc ser el teu mestre ni el teu mentor...
Sols et dic que
així com no hi ha poeta sense poesia,
i sense paraules ni visc ni sóc escriptor,
si no eres tu qui fa part de l'esforç,
si saps que has fet mal
i no l'intentes corregir tu
sense que jo et done l'oportunitat,
aleshores és que anem mal encarats...

¡Desperta!
Si estic ací és per tu
més que per mi,
i algun dia ho entendràs.
Ni la por ni el dubte ni els defectes passaran;
sols tu ho faràs, si així ho vols...
Saps que jo –ferm, fidel i lleial– t'estaré esperant.

(Any: 2013)

Pots viure

(Dedicat a les dones, especialment a la meua germana)

Pots viure, en lloc d'existir.
Pots dir el que et vinga de gust,
pots dir el que estigues disposta a suportar:
tant de bo, sols fores esclava de les teues paraules.
Pots pensar,
i dir el que penses,
sense censures
ni cesures,
i que els sensors sols siguen les teues idees.
Somia, que deus somiar.
Pots riure, i deus plorar,
i deus cabrejar-te i saber simpatitzar.
Pots fugir,
si ho necessites.
Pots tornar arrere,
si ho necessites.
I pots quedar-te queta i ferma,
que serà necessari quan el moment arribe...

Que no et callen,
que no et fiquen cadenes ni àncores,
i si hi ha algú a qui enyores,
dis-ho, i a fer punyetes.

Que mai et dicten el que tens que pensar,
que mai fiquen en boca teua
el que no penses,
¡ni metges ni retors,
ni polítics ni mestres!
No permetes que t'apaguen les idees,
i solta les ales i vola quan t'ho mereixes.
Somia, que és convenient alimentar-se.
Que no et facen riure quan no vulgues
ni et facen plorar quan no degues,
que sols es riu i es plora si es fa de veres.
Cabreja't si simpatitzen en tu per interés,
i simpatitza
quan algú es cabretge en tu
si té un perquè.
Que no t'obliguen a estancar-te,
que no t'obliguen a tornar arrere,
i no et quedes desfeta quan no veges.

El temps passa, i no has de tindre por,
i has d'aprofitar les nits, els dies i els llibres.
Com pots veure, no estic essent el més indicat,
però:
que ningú et diga què has de fer;
en tot cas, que t'aconselle...
I recorda:
¡que ningú, per res –i per tot–,
et fique una mà damunt!
Recorda... i estima,
i fes-ho de tot cor...
Pots viure,
en lloc d'existir...
T'ho dic de debò:

pots viure,
si vols.

*18/11/2014, 21:34, en el tren,
cara a Xàtiva, per La Pobla Llarga.*

(Any: 2014)

L'amfiteatre trèmul

¿On l'ideal cívic i on l'idealista?
¿S'acredita el vudú de geisha gelosa?
¿És l'estat del Diable quasi la salvació?
¿Pal·lia la maqueta de dins del tòrax?
¿Conspira amb bisturí la meua recepció?
¡Ai, idealista, cívic idealista...!
¡La geisha murmura cant circense i viscós!,
¡el Diable devasta cant altisonant!,
¡el cor brinda cant pletòric com Déu colós!...
¡...i pel bisturí tot cant es va bifurcant...!

Sotsobra l'absis si aplaudeixen els arrels;
s'estrangula l'anell quan brega inòpia;
peregrina batuta talossa pels estels,
i de puntetes predica cabòria.
¡Sort a l'amfiteatre trèmul del fàstic!:
el gravamen és que desfeu eufòria...:
¡Fredolic mantén-te en l'aguait per al càstic!

(Any: 2012)

Una oda de merda

Mai he volgut desembarcar en la ribera
empestada de mosques i feta de merda,
però la merda ha aprés a nadar,
i per molt que em vulga allunyar
ja no es pot fugir,
ni de la ràbia ni del patir,
ni del patir ni de la merda.
Car, així com cell qui veu la merda
i estudia escatologia dia a dia,
nit i dia i dia i nit
a mi ara em falta flit
i trobar refugi en llunyania.

Ja no parec el *tio* Petiu,
qui igual plora que riu,
perquè mire gents que tinc al cor
i si em fallen m'ix el plor,
i si m'enganyen no m'ix el riure,
mes he de viure amb un somriure
no sempre gens d'acord amb aquest tros,
car no m'agrada patir per qui vull
i fer-me fals refugi de merda.

Ara, hui dia,
la sang ja la tinc freda;

el pit: congelat;
solte merda per un tub,
i, qui ho diria,
hui no m'he atrevit a mirar-te als ulls.
I sí, estic perdut, boig, i fluix,
i et dic que duc or i disgust,
i que sols això és el tresor
que guardem els cucs que porte navegant.
O siga, resumint: estic fotut i radiant,
segurament més el primer que el segon,
però no viceversa,
que estic *hasta* els collons
de fer honors i anar tragant
i que ningú em done paraula honesta.
Ací acabe, i no faig festa,
i em sap greu tanta duresa:
en aquest mar l'aigua s'ha fet verda,
està podrida, i les vistes són fosques...
Açò és viure entre mosques
una vida de merda.

(Any: 2015)

Abnegació

Sóc capaç de renunciar a les meues paraules.
Sóc capaç de renunciar als meus llibres.
Podria renunciar a les paraules.
Podria renunciar als llibres.

Si és necessari, done una estrella.
Si és necessari, cedeixc el record de la música.
Donaria sense dubte la llum nocturna.
Donaria de seguida la *sombra* del dia.

Sacrificaria ungles, cigarrets, cabells, dies;
sacrificaria menjar i beguda,
i sacrificaria jungles i barrets i fotografies,
filosofia i pensar i mesura.

Però no sóc capaç de renunciar a les teues carícies,
no podria renunciar a les nostres velades,
i no et donaria –sense dubte–
(en realitat, per res et donaria),
i no et sacrificaria per res en la vida,
perquè, sacrificant-te, ma vida perdria.

(Any: 2013)

Un greu accident

Què greu em sap contar-te
el que vaig a recitar-te.

Eres un greu accident
que va allargant-se,
i sóc jo qui l'allargue,
car eres un accident
pel que dia a dia done gràcies.

Eres un greu i no sé si planejat accident,
¿premeditable?,
extremadament mal·leable:
un "accident", sí,
pensat, deliberat... i qüestionable.

Eres un greu accident,
degeneratiu
i biodegradable:
eres un accident insinuatiu
i tots els dies sospitable.

Què greu em sap contar-te
que eres un accident molt greu,
sempre fortuït, desconcertant, insondable:
causal, casual, inusual,
molt greu i molt agreujable.

Dispensa'm, no obstant això,
que vers a vers vulga citar-te i recitar-te,
que accidents com tu són insòlits i lloables,
que fan renàixer respiracions incontrolables,
que canvien les mirades en pensar-te o en mirar-te;
és a dir, que fas viure i somriure i estimar-te
a un poeta trist, depressiu i deplorable.

(Any: 2013)

A Virginia i a Juan

(Primera versió)

Mai els bons déus han beneit
com aquest un esdeveniment.
Però no els deguem a ells ningun favor,
ni és a ells a qui donem agraïment,
sinó a tu, Virginia,
que hui hem dones proba del teu amor,
de la teua constància apol·línia,
del teu esforç sense temor.
Açò no ho recite jo,
sinó la Musa,
car és ella qui coneix millor
tot el que dos amants han de passar,
és ella qui coneix els moments
que sols l'Amor i ningú més
sap corregir, alçar i adreçar.
Hui, Virginia,
per tu inspira estos versos la Musa,
per una tendresa
que sols una persona com tu sap contagiar,
per una felicitat
que sols tu saps com sembrar, cuidar i regalar.

Pero también a ti te digo,

señor Juan,
que hay que tener valor para atreverse a construir
lo que con años un hombre como tú
ha sabido edificar.
Has conseguido formar una familia,
has conseguido traer calor a tu hogar.
Estate orgulloso, pues,
que quizás para el mundo seas uno más,
pero que para TU mundo
eres el marido y el padre
que todo ser desea contemplar.
Lo que tú has obtenido
es lo que pocos consiguen alcanzar:
sigue entregando tus sensibles abrazos a tus hijos,
sigue acariciando con tu manera secreta e insuperable
a la mujer que trae a tu lecho el placentero descanso.
Eres consciente –y no lo niegues-
que su sensibilidad te tiene arrobado,
pero no dudes -¡ni se te ocurra!-
que eres tú y sólo tú
quien tiene su corazón en la mano.

¡Ací no hi ha taló d'Aquiles,
aquí no hay lugar para finales tristes!
¡Vos admirem els que els vostres dies compartim cada any!
¡Os protegen los que otrora subieron al reino celestial!

¡Indestructible de este barco el maderamen,
impasible l'afecte d'estes mans que s'agafen,
invencible la chispa de una vida lograda.
immortal l'ímpetu de tota mirada!

Virginia i Juan,

Juan y Virginia:
enhorabona per la vostra relació,
gràcies per l'alegria que ens heu portat al nostre món.
¡Que continue la prosperidad!
¡Que no s'acabe mai la passió!

...Únicamente os recordamos una cosa:
poder es querer,
però per a voler:
el que vos volem nosaltres dos...

(Any: 2014)

Concomitància

Jo mai havia pensat
el feliçment que vivia;
simplement callava,
i tan simple em ria.
Ara, no obstant,
veig un poc millor la vida,
i és que quan un taxi t'atropella
et canvia un poc el punt de vista.

Ara vull escriure poesia,
també un poc de drama
i també narrativa.
Ara vull llegir i aprendre,
i tot i haver estat un poc boig sempre,
sé que...

No suporte el dubte,
ni la perfecció,
ni estar sempre sol
ni que l'aparència semble visió.

No suporte una resposta
que dubte de la pregunta
o que també pregunte,
ni que en intentar

tirar una mà
em donen un peu,
perquè no hi ha qui més alt estiga
i qui faça en la vida menor relleu.

Però si em doneu estima
aquestes coses poden fluixejar,
i en qualsevol moment del món
o en qualsevol lloc del temps,
la meua opinió pot variar i desvariar,
i si em toquen la moral,
la fibra sensible
o simplement el somiar,
el límit que puc traspassar
es converteix en una forca en el mar
on els taurons em ballen un vals.

Sembla que faces de l'amor
quelcom solemne i diletant.
Em toques com si fora de cristall
i sense més em trenques a traïció.
A tu el que et fa falta
es un *novio* poeta,
que et faça l'existència insofrible
i vaja pel carrer
tenint pujada la bragueta.
I ja ho dia, ja,
la *tia* Pepiqueta,
la del fusell,
que, si una dona té collons,
la deixem lliure com un ocell
o és capaç de desfer-nos a estirons.

El que no sabia la *tia* Pepiqueta,
la del fusell,
és que si una dona d'eixes t'estima
no pots fer res més que fer rima
i assentir al que diga,
perquè clar, vol que l'antipoeta de mi
em faça rimador...
i jo puc tindre sols... la bragueta,
d'un romàntic trobador.

(Any: 2012)

Una victorieta

Qui coneix el gust
de l'espera, la impaciència i el desfici
sap degustar millor
la xicoteta victorieta que el pot seguir.

Perquè el dia a dia
sovint ens fa esperar,
i ens obliga,
i sovint les esperes es fan tan llargues
que ens fiquem neguitosos
quan aplega el final...

Qui anava a dir que de vegades
una espera porta calma,
qui anava a dir que, de vegades,
la calma comporta esperança,
que és més espera,
però no sempre ens desespera
i es mereix una sana lloança.

Benvinguda, sí, la pau que esperem,
perquè no tots l'aconsegueixen.
Quan arriba el descans,
quan arriba un respir,
cal aprofitar-lo,
i cal somriure,

i apreciar el que aleshores vivim,
perquè és una victorieta
que no sempre es pot veure.

(Any: 2013)

Dis-li

Dis-li
que sovint ho trobe a faltar,
tot allò que parlàvem,
tot allò que desfruitàvem,
tot allò que sentíem.

Dis-li
que els anys passen
i jo la mire igual, i la veig millor,
perquè eixa cara no té rival,
i fins i tot un poeta com jo
l'ha sabut com admirar.

Dis-li
també que m'ha fet un esclau,
un esclau de la seua ànima,
un esclau que s'ha delectat de treballar,
i que, tot i els freqüents dubtes en la llar,
l'esclau estima eixa ànima magnànima.

Dis-li,
a més,
que per moltes discussions
i amargues i incòmodes situacions
el meu cor té prou collons
per a fer front a eixos batallons,

i que milions i milions de vegades
no viurem en les circumstàncies
que en els contes de fades
ens van contar els nostres pares,
però que tinga molt present
que malgrat les nostres dissonàncies,
l'estime de bon grat,
que sempre està en la meua ment,
i que siga conscient
que ningun contratemps
podrà apagar l'enardiment
d'aquest guerrer tossut i insistent.

I dis-li,
finalment,
que la *fortuna idealium* és un misteri,
però jo per res del món em plantege el final,
i que faré tot el possible per tal
que sols vivim la veritat,
que l'amistat i la complicitat
queden molt inferiors a la nostra afinitat,
que l'afecte, l'amor i la passió
siguen la bandera de tots dos,
que els sentiments i el contacte
siguen tota sensació,
perquè, dis-li,
que aquest poeta està més que enamorat:
aquest poeta no sap què fer-se
quan es sent al seu costat.

(Any: 2012)

Vine i despulla'm sense por

Maten-me les estreles una a una
si fracasse en la *locura*
de demanar el teu cor a àngels pagans.
Me disserten un poema en una *cuna*
i me marquen a l'esquena una *peçunya*
en estampida i sense *prisa* mil gegants.

Queda't amb mi.
No t'ho penses més.
No ens perdonarem.
Ningú dels dos pequem.
No tenim déus.
Sols em dec al teu amor
i tu al meu amor únicament.

Vine i despulla'm sense por,
sense paraules i sense veu,
sols amb crits besaré els pits
oblidant-me de les cases i dels llits.
No farem parades ni parons,
com dos bèsties amb sed de sang
seguirem amb dentades els mugrons
i rugirem qual es barallen dos lleons.

29 de juliol del 2015, 18:02 h

(Any: 2015)

Valor

(Papa, ¿de major tindré valor?)...

Com tot soldat m'he parat
un instant a escoltar el vent:
és hora d'anar a casa.
Fortuna aflore.

El millor i el pitjor serà obrir la porta,
i vore els meus fent vida.
Jo no sé si estic fent vida,
però és hora de viure.

Un mag mai revela els seus secrets,
però no sóc un mag.
Vull ser un heroi
en mig d'esta guerra meua,
i és hora d'alçar la veu,
encara que siga per a tu,
i encara que siga en veu feble.

Demà tant de bo tinga forces
per a soltar l'espasa i tirar l'escut.
Demà intentaré arrimar-me a tu
i exposar-te el meu malestar
per estar mal en aquesta batalla.

Segurament no seré un heroi
en un camp de trons ni pluja,
no hi haurà foc ni sismes...
però potser em plante mig paralitzat,
potser m'ofegue en un mar de llàgrimes...
L'ardor que em crema el pit l'arrastre de fa temps:
quan tremole ho sabràs.

Tinc clar per quin món lluite,
confie en l'exèrcit que he triat,
però no sé si a tu et pareixerà el correcte.
Tinc una flama dins de mi
i està a punt d'explotar.
Necessite traure aquest poder en potència,
necessite que algú veja que sóc humà.
És hora de tindre valor i ser real,
és hora de que algú em tire una mà,
i és hora de ser conseqüent a mort
amb els meus ideals.

És hora de tindre valor i dir la veritat.
L'hora de l'eclipse ha arribat.

(Any: 2013)

La bici

La lluita de l'amor no és individual.
La lluita per l'amor, pot ser un vici.
Perquè l'amor és... un mitjà de transport.
Perquè l'amor és, més bé, una bici.
Tanmateix, si li falta una roda,
ix-te'n de la partida,
car per molt bona que siga l'altra roda,
la bici no anirà en la vida.

(Any: 2012)

Jugue des del previ

Jugue des del previ al millor poeta;
On jo, al segon, ni Lope de Vega.
Pel tercer vers advertisc deu per deu;
Oh, sil·labes, d'Ell em fareu l'hereu;
En llatí fins i tot faig esta gema,
Tron futur d'aquest que amb la gloria regna.
Apariats: quatre en tinc al meu peu;
Rima assonant: ja ningú em frena.
Els d'antuvi tampoc tenien destresa.
Xamós com jo concloc que no té preu.

(Any: 2012)

De vegades dubte

De vegades dubte
si m'ho tindria que haver callat:
em referixc a que t'estime,
a que sense tu no puc viure.
Però, la veritat
és que estic content d'haver-me llevat de damunt
eixe pes...
Estic orgullós,
perquè ara sóc tot sincer...
En ma vida mai he sigut tan valent.

Perdó,
per fer de tu la meua inspiració.
Perdó,
per fer de tu el meu aliment.
Perdó,
per sols saber escriure.
Perdó,
per no saber quan parlar.
Gràcies,
per saber aguantar-me i continuar.

(Any: 2014)

Ahí va

Ahí va, *divina garsa*,
pollera alçada,
mans a la francesa,
vergonya escassa
i mirada altiva
i altanera.

(Any: 2013)

Un amic

¿Què és un amic?
Crec que podria ficar algú com a exemple,
però en paraules ho veig un poc difícil d'explicar,
perquè un amic, en paraules,
és un llibre inacabable
amb pàgines de color blanc
que tenen forma de mà.

Un amic, en paraules,
és aquell munt de converses
i núvols de pensaments passatgers,
de tempestats que no sempre veiem,
és allò que es diu a qui es vol
i allò que sovint pensem i no diem...
Un amic, en paraules,
és una història ben llarga
i amb poques pauses,
una aventura que mai té punt i final
i que el principi de vegades està un poc difuminat...
Un amic, en paraules,
és un poema sense mètrica ni rima,
però amb poesia;
un poema complicat, enrevessat, delicat,
compromés, laboriós, fatigós,
¡de ninguna manera senzill!, veritat,
però company, aliat i, ¿com no?, també estimat.

Un amic, quan el definim en paraules...
sempre ens quedem curts,
perquè l'amic, en paraules,
com a molt, es pot dir coixí, germà...
(alguna vegada es diu amor,
¿per què no?)
Un amic es podria dir pare, mare
i al mateix temps desconegut...
Cura, malaltia, addicció...
Un amic –¡cada amic!– és un món.

Però, concretem...
¿Què és un amic?
Ara mateix,
amb veu valenta i temerària,
però no per això menys vertadera,
m'atrevisc, medite i dic
que si he de posar algun exemple,
si he d'establir algun paradigma,
no vull fer-ho en paraules...
Preferixc posar algú com a exemple,
i quan ho pense,
pense en tu... com sempre.

(Dimecres 1 de maig del 2013)

(Any: 2013)

Un dia festiu

Llig el cant d'Homer durant la sesta:
còlera en peu lleuger
d'un bell funest guerrer...
Ens passem els dies en plena guerra...
Estem farts de lluitar
i ens costa descansar...
¡S'ha cansat la Musa, i m'ha deixat!:
l'imperi s'ha escampat
d'un depravat domini...
Ara perd el dia en tan mal vici:
¡centimet a centimet,
i sentiment a sentiment!
¡Ah!, què suculent,
un dia festiu
que no riu
ni està pudent.
Ara tot l'estiu festiu reviu el riu
d'escenes plenes...
de temes criminals
(poètics per naturalesa,
dispostos a sorprendre...
però no són la realitat).
Els veig passar de lletra en lletra
(em negue a anar a buidar la uretra):
¡quina sensació més fresca!
¡Ves, Hèctor, ves d'una vegada!

¡Calla, Faust, boca envejada...!
...
Què ventura més llibresca i desvariada...

S'ha cansat la Musa i m'ha deixat relaxar-me:
ara descansem els dos...
i després a viure.

(Any: 2014)

No vull anar

Ves-te'n amb la teua *risa*
i amb els teus jocs.
Jo no tinc ganes d'assistir...
Potser penses que sóc un avorrit,
un *soso*, un negat o un *arisc*,
però no és així;
no obstant,
penses el que penses,
sé que no vull anar.
Al final no sé si aniré,
però sé que no vull anar.

Em sent com un pont
que acabes de travessar
i que has derruït a poc a poc,
al que paulatinament has anat
deteriorant els suports,
i les cames que abans eren de pedra
semblen ara un flan
que no es pot mantenir en peu...

Què pobre aquell qui ha xuclat
i després l'han xuclat.
Esparracat,
hui pareix que el vent m'arrossegue,
que els talons siguen de plom,

que els ulls siguen de gel.

Sé que pensaràs en mi,
com a mínim una estoneta,
de tant en tant...
Sé que em recordaràs benèvol,
que saps que t'acompanyaria a l'infern...
Però això ja vindrà...
De moment,
sé únicament
que hui
no estaré al teu costat.

[...]

Al final he anat...

(Any: 2014)

Perquè

Faig rimes
perquè vull expressar-me,
perquè calle amb espasme
i he d'alliberar-me.

Necessite que sàpigues
que vull estar amb tu,
perquè tu eres...

Perquè la vida és un tango,
i hem de saber ballar-lo,
i l'amor és un vals,
¡i jo no sé ballar!

Però et vull.
No t'ho negue.
Simplement...
no sé com dir-t'ho,
i per no saber
m'odie i em creme.

No,
no sé com dir-t'ho,
i no arriba el dia,
i no sé si dir-t'ho
ni si vols que t'ho diga.

Però això és la vida:
continuar el viatge,
perseguir els somnis
i construir la via.

Però et repetisc que t'estime,
perquè et desitge amb demència,
perquè t'espere amb impaciència
i si no et veig em desanime.

Com pots veure,
tinc moltes raons per a voler-te,
i encara en conec més,
però no vull estendre'm.

Fins i tot sense motius
confessaria que m'agrades,
i és que sols faig bobades
per veure com et rius.

Sols espere
que tu també m'estimes,
i que amb el temps
no calga fer ja rimes.

Sols espere que un dia cantem junts
"what a wonderfull world",
i apagar de nit en nit les llums
i dir-te que et vull molt.

Finalment, sols espere
que sempre confies en mi,

que jo et siga suficient i abellit
i que m'acompanyes feliç al meu llit.

(Any: 2012)

Incomprensió

Vull allí,
i quan arribe no hi vull;
aleshores me n'adone d'allò perdut,
i pel d'abans el meu cor bull.

Faria el que no faig
si fóra qui no sóc,
i per anar on vaig
sempre ho perd tot.

Estime el que desitge,
desitge el que somie,
somie pel que sofrisc,
i sofrisc pel que estime.

Escric pel que sent,
i els sentiments són cotó,
i malgrat al que aspire
hi múic quan hi sóc.

(Any: 2012)

"......"

Estaves baix del cel negre,
rallat, roig i groc.
El fum es creuava per la teua cara...
El sòl estava fosc, cendrós, tendre,
i jo boig entre el foc:
ben mut esperava callant tan bella cara.

El desconcertant silenci
em murmurava a l'orella:
"......"
Jo no l'entenia,
i t'observava encara,
atònit, bocabadat.
Semblaves un proscrit
des del regne de les set portes celestials,
com si un déu dictador i autocràtic
–sense trellat– t'hagués sentenciat.

Ara, brut, ferit i bandejat,
t'apropes a mi
com jo em deixe apropar-me a tu.
De sobte, un núvol s'aparta,
i darrere de tu apareix Selene colossal:
la teua figura es dibuixa més funesta.
Obris les ales convidant-me
i jo, hipnòtic, faig la resta.

Aleshores, amb els genitals per bandera,
extens les mans i em mostres l'alba,
tu, el portador de llum.
Per fi ha arribat la temptació a la Terra,
et prens descans i em dones calma,
tu, el que em porta llunt:
tu: jo: allò que em cridava:
allò que em faltava.

(Divendres 3 de maig del 2013; 01:02 h)

(Any: 2013)

Anònims

Entre espirals temporals
i desgràcia accidental,
molts hauran passat a l'altra vida,
però no l'han abandonat.
Potser no tinguen rostre,
potser no se'ls recorde d'allà ençà,
mes deus saber, company de la ignorància,
que el seu valor es pot sentir i es pot palpar.

Hi moltes petjades en la selva obscura,
hi ha moltes creus clavades en l'espessor,
i romanen molts crucificats.
Ditxós aquell qui no ha patir la *crucificció* d'Horaci,
ditxós aquell que no ha patit la creu de l'ignorant fill de Déu,
ditxós aquell la memòria del qual no s'ha difuminat.
¿Com hem pogut dormir, ¡fotre!,
sense erigir als anònims també un pedestal?
Si es fan en la guerra militar,
¿per què no ho hem fet en la vital?
Què poc humà...

De veritat, açò faltava...
açò és patir una altra taca:
una altra prova de pol·lució cultural,
de corrupció memorial.
Cal escoltar el crit dels oblidats,

els vents que han expirat,
desgràcies espirals
dels temps accidentals.

(Any: 2014)

Nou romàntic esvoranc

Capgirar, ¿com no?, l'agulla del Triumvirat
com el fugitiu freqüenta la frontera;
no adoptem l'Adonis tan ben minoritzat
o ve ensems martingala amb estupidesa.

De tul impregnaríem l'egregi glaciar
si l'argila abastés la nota *postrera*,
però al nou romàntic esvoranc fustigat
ja no es musica el desconcert amb sordera.

Que es jubile l'irremissible i insinuant
opi que al lliure arbitri grimpa en vigília;
¡garanties, garbí, escatir el Daurat!

Ara el rellotge remet a independència,
l'atàvic badall que embena nostra ciutat:
¡exasperem, indignats, salvem l'herència!

(Any: 2012)

Tres motius principalment

Tres motius ben motivats existeixen principalment
que fan plorar al gènere humà:
tristesa, compassió i felicitat.

La tristesa ens fa plorar marees senceres
al llarg i a l'alt del nostre caminar esgarriat,
i per sort ens declara treves,
però sols de tant en tant.

La compassió, per llei definició de la catarsis,
espenta llàgrimes d'imatges *verosímils*.
Que ens sobrevinga,
bé per moral,
bé per desfici,
que no hi ha sant que la puga refrenar
si al cor refugiem un mínim artifici.
Dis-li honor, dis-li humanitat... Dis-li *equis*.
Prepara un mocador, per si acàs,
que plorar mai ve mal
sempre i quan siga al nostre benefici:
una mala tarda la té qualsevol,
ja amb motius, ja per deliri.

I la felicitat...
¡Ah, la felicitat!
Crec que una vegada vaig plorar d'alegria.

Però, sincerament, ara no ho recorde.
Quina llàstima més *trementa*.
Segurament ho hauré fet en més ocasions,
però alguns núvols fan d'escrúpols mnemotècnics
i eclipsen les més trivials emocions.
No obstant això, ¡la culpa és de la religió,
de la filologia i dels principis ètnics!
Tanmateix, al final no queda més remei...
que tirar-li un parell de collons.

(Any: 2014)

Les *sombres* d'una mentida

Tornen a fer-se llargues
les *sombres* d'una mentida innocent;
els cavalls de la nit tornen a bufar-se
amb la sang d'un cor que a la llum no ix.

Ha cantat per la benvinguda de la nit,
allà en la llunyania del meu mal de cap,
la bèstia que es menja el meu ànim: el corb...
Tant de bo se'l menge un lleó, per a fer record.

Ja veus: tornem els animals a vociferar
entre canyes i fang,
entre falles i sang.

Pensa, si és que eres tu,
vertader destinatari de les meues lletres,
que el destí que m'ofereixes és cruel;
per suposat que no és la teua intenció,
però per molt diví que sigues,
per molt superior a qualsevol humà,
encarnes l'espasa que em travessa,
la *sombra* que fa mal.

(Any: 2015)

29 del 7 del 2014

Clar que no et vaig acompanyar:
sabem que és l'orgull qui sempre em fa mal...
Jo sé que no em vas fer molt de cas la nit anterior.
Tu sabràs, més o menys,
que és culpa dels dimonis que amague a l'interior.

Ara per ara, estos dies tampoc estic per a tirar coets.
També ho sé.
¡En ple estiu i de repent s'ha apagat la llum!
Sense tu, de nit i fins i tot de dia fa fred...
I et conte: em sap greu, sí,
renunciar a tu en aquests moments:
ho faig al meu pesar,
malgrat la meua fervent voluntat;
perquè estic a la teua disposició 2.440 minuts al dia:
ho saps.

No obstant això,
hi ha jornades que estic menys receptiu...
perquè em sembla que tu també ho estàs...
Tant de bo m'equivoque...
Maleïda la vida en la que m'he clavat:
a base d'il·lusions i decepcions em té viciat.
Sols tu em dones pau;
algun moment em fas dubtar,
algun moment també eres motiu

de malaltia i desengany,
però també eres qui em cura,
m'escolta
i em dona ganes de lluitar...

Clar que estic poc receptiu...
És que estic idiota i imbècil...
Hi ha moments que sols voldria plorar;
altres, mai voldria morir
(eixos són quan estic al teu costat);
altres, simplement voldria volar.
No m'agrada dir-ho,
però sí:
tot és perquè estic enamorat.

(Any: 2014)

¡Molt difícil!

Dis-me el que vulgues
i no em dones la raó,
però sàpigues que és molt difícil.
T'ho dic a bones i amb molt de *carinyo*, però...
No m'envies missatges desitjant-me un bon dia.
No m'envies ningun missatge citant-me per a veure'ns.
Mai m'envies ningun missatge, ¡mai!,
¡i quan sóc jo qui te n'envia,
de vegades ni contestes!

Dis-me el que vulgues,
però saps que tinc tota la raó del món,
perquè és molt difícil tractar amb tu.
Dius molt i fas poc,
sempre calles quan s'ha de parlar,
i quan parles tens la divina mania que cagar-la,
¡i si sóc jo qui intenta parlar,
em talles les ales!
¡¡¿On s'ha vist un poeta maleït tan maleït,
privat de les seues maleïdes ales
per un ditxós i maleït monstre com tu?!!
¡Ni en les comèdies! ¡¡Ni en la Bíblia!!

Mira, calla el que et vinga de gust,
que si parlares i intentares solucionar les coses
igual que calles i atorgues,

te besava els peus,
si és que et deixes i no et cabreges.

¡Què creu, senyor, què CREU!

El que t'aguante jo...
¡Ni Jesús ni hòsties consagrades!
M'ha tocat ballar no amb la coixa,
¡amb la muda, que a més es fa la coixa!
Mosca *collonera*, falç de la mort,
metro del dilluns, Tucídides,
Hel·lena, Aristòfanes, maleïda Eva...
¡Sirena, erínia, harpia, Eros, Morfeu!
¡Per tu em cague en Déu i la santa creu!
Medea, Judes...
Maleïdes les Guerres Fredes que montes,
maleïts els teus ulls petrificants,
maleïda la teua veu mel·líflua
i més que maleïdes les teues carícies *addictives*.
Que em fas acordar-me tantes vegades de la teua família
que fins i tot *m'acorde* del teu iaio,
que, pobre, ni el vaig conéixer,
que la mare de les Muses es queda arrere.
Que per acordar-me de tots els teus morts
oblide qui viu al meu costat.

En fi, ja pots ficar *algo* de la teua part,
no siga cosa que t'escaldes el cul,
que si no tens ningun detall de tant en tant
et denunciaré a Sant Pere,
i si no comences a demostrar-me
el tant que me vols i fas tard,
si "se me creua un cable"

et jure per l'Estígia que demane el full de reclamacions
a la Verge de l'Amargura
i t'escric un exèrcit de paraules
i te les envie en un arsenal de metàfores.
¡Tant de bo escarmentares!, per ser com eres...

...i encara que jo sóc pitjor...

¡eres molt difícil!

(Any: 2013)

Annex 1

AVANÇAMENT DE...

La inenarrable **R**ondalla
d'Aquell Món
que tant coneixem i desconeixem

Manuscrit del barbut més barbut d'Aquell Món (primera part)

Al principi esdevingueren el Temps i l'Atzar. Ho feren en un lloc anomenat Caos, al que preferiren anomenar Cosmos: fou aleshores quan va nàixer la Paraula.

Des que existeixen, el Temps i l'Atzar han anat ordenant el Caos a poc a poc, molt a poc a poc, de vegades a palpentes, encara que de tant en tant s'agafaven jornades i temporades de descans... Un dia, de repent, crearen, quasi sense saber-ho, una cosa molt estranya que els va nàixer de dins, i la van anomenar Amor. Aquest era tan incomprensible i indomable que decidiren deixar-lo en llibertat; no obstant això, tots dos –el senyor Temps i el vell Atzar– sabien que tard o prompte haurien de fer-se'n responsables.

Cada vegada que el vell Atzar trobava l'Amor, el senyor Temps, que tot ho transforma, es parava a observar-los com estudiant el seu comportament: aleshores va sorgir el Coneixement. Aquest jovençà, molt ignorant en un primer moment, estava destinat a fer-se molt gran, i va acabar fent-se deixeble del senyor Temps. Així, l'Amor es va clavar pel mig i va fer que el Temps i el Coneixement s'estimaren i volgueren passar junts moltíssims moments, i de la seua càlida unió van nàixer la Voluntat i, tot seguit, la Creativitat.

Però, prompte el vell Atzar, qui pren les decisions precipitadament, es va ficar gelós i es va ajuntar amb la Paraula, i van nàixer els Cels i la Bellesa. En el part, l'Amor va patir tant assistint a la parella que es va ficar malalt, i va vomitar el Dolor, que va eixir de la boca de l'Amor molt semblant a la Paraula: des d'aleshores, el Dolor i la Paraula –que, per cert, es trobaven amb molta freqüència– van tenir una aventura, i van nàixer la Confusió i la Rebel·lia.

Papirs Silerins[1] o "Relats divins", de Frèdom l'explorador, de les Corts Bibliotecàries (primera part)

El naixement dels Onze Paladins

Conta la llegenda que en Aquell Món que tant coneixem i desconeixem, durant els Segons Dies, aquells en què encara no hi existia la llum, hi van nàixer onze entitats que la tradició ha considerat sagrades. Segons el que he pogut esbrinar al llarg de tota ma vida, sembla que aquells onze éssers posteriorment anomenats els Onze Paladins van aparèixer de colp a repent tots alhora, i que després de romandre ocults en l'obscuritat, quan van arribar els Tercers Dies, aquells en què ja hi existia la llum, van fer un pacte per a protegir Aquell Món. Algunes escoles ensenyen als seus aprenents que en realitat aquests Onze Paladins van ser creats per uns éssers que no habiten Aquell Món, però aquesta versió no és molt fiable, perquè tots sabem massa bé que a moltes històries hi apareixen aquests éssers forasters i se'ls atribueixen creacions i orígens de massa coses. Però, ¿qui sap?

---

[1] Derivats de l'arbre Silerià, mitja part del qual resideix a un lloc i mitja a un altre.

Es diu, a més a més, que els Onze Paladins van acordar deixar a l'arbitri de nosaltres, els més dèbils, el futur d'Aquell Món, i que sols en moments summament difícils i per extrema necessitat abandonarien els seus caus per tal d'acudir en ajuda de nosaltres, els més dèbils. Hui ningú pot assegurar haver-los vist, car, pel que he pogut descobrir, fa moltes generacions que no han intervingut en la nostra història. Ara bé, moltes de les nostres llegendes els inclouen en el seu transcurs, i algunes d'aquestes llegendes a les que em refereixc són de gent d'una generació anterior a la meua... Jo mateix no sé ben bé què pensar.

Paroh, el Llunyà

Habita en un paratge boirós als confins d'Aquell Món. Ningú sap com és ni si realment existeix; dels altres Onze Paladins hi ha testimonis que afirmen haver-los vist alguna vegada, però de Paroh el Llunyà ningú en sap res. Diu una llegenda de les terres del nord-est que una vegada s'hi va acostar a la nostra civilització, però que nosaltres, els més dèbils, no li vam agradar i va acabar boig i desesperat per tornar al seu fogar. Alguns diuen que fou pel soroll de les grans ciutats; altres, que a causa de la tanta llum a la que no estava gens acostumat. ¿Qui sap? S'han suggerit molts motius, però la majoria de cançons populars que l'esmenten diuen que en el moment en què es va cansar, va ascendir als núvols i per allà pel cel va tornar a sa seua remota regió. Es sol dir també que quan algú ha aconseguit acostar-se a les seues terres, Paroh el Llunyà ha fet per allunyar-se més i més, i així fins a ser l'ésser que més lluny ha viatjat (a banda dels Quatre Estels, és clar).

Ermeu l'Inventor

És un dels Onze Paladins. Diuen que venera a l'Atzar, qui pren les decisions precipitadament, com a ídol seu –sembla que és l'únic déu que venera un altre déu–. Com tots hem aprés des de ben menuts, es diu que es va enamorar d'una màquina de les que va inventar, aquella més bella que va crear i a la que li va ficar nom de dona. Aquella màquina té fama de ser tan perfecta i llesta que el va acabar dominant. Tot apunta a que ella es va fartar d'Aquell Món i li suplicà enterrar-se els dos en el més fons de la terra. Les balades conten que des d'aleshores, com que ell li va concedir el seu desig, mai se l'ha tornat a vore.

Salima, la Sirena de l'ostra d'or

La deessa Salima diuen que és filla del senyor Temps i de les velles platges, però solament és tracta d'una explicació mítica per a justificar d'alguna manera la excepcional bellesa que diuen que posseeix. Salima habita en el fons marí, allà on els corals es queden lluny de les costes. Tinc entés que sols ix a la superfície una vegada cada sis anys en la Mar Congelada, on es reuneixen els seus devots per a tributar-li les botelles d'alcohol que tants segles ha estat demanant. Les seues sacerdotesses afirmen que les begudes que reclama són per a pal·liar el dolor que va sentir en assabentar-se que no podia cassar-se amb el déu del vent, Berlí, el que solca mar i terra per igual. Molta gent, sobretot els mariners i els devots que cada sis anys la veneren, afirmen haver vist com del gel sorgeixen emanacions i dolls de calamarsa, com si formaren una font. Les seues històries diuen que ix després d'haver perforat i travessat escalant els glaciars, i una vegada fora dels túnels que crea, es passeja amb la seua closca d'ostra gegantina i arreplega els milers de botelles, ampolletes i flascons que li han ofrenat. Després de guardar-los degudament en la seua closca i haver ostentat la seua pell d'or, es torna a tirar a la freda mar pels túnels que ha excavat, però no sense abans deixar en el lloc de les ofrenes els taps dels recipients que li foren tributats la última vegada que va visitar els més dèbils, per tal que continuem creient en ella i portant-li aquells licors que tant ambiciona.

Manuscrit del barbut més barbut d'Aquell Món (segona part):

La Paraula, pensant en els seus nadons, va determinar ser lliure; el Coneixement es va fer obscur i solitari; i l'Atzar, qui pren les decisions precipitadament, convençut per la Voluntat, va demanar al Temps que ell i el seu deixeble, el Coneixement, l'ajudaren amb l'Amor:

–Està malalt –va gemegar l'Atzar–, i sols vosaltres el podeu curar.

El Coneixement, previngut, li va contestar:

–Vell Atzar, no sé si serà bona idea: igual que podríem curar l'Amor, també podríem destruir-lo...

El senyor Temps li va donar la raó. Ben enfurismat, l'Atzar li va pegar una punyada al senyor Temps, que tot ho transforma, i, de la molta sang que va caure i va mullar el terra, van nàixer la Guerra, la Por, la Indignació i la Violència.

Des d'aquell moment, aquests quatre van anar a parlar amb la Paraula, i decidiren confeccionar la Discussió i l'Esperança, que igual fan bé que fan mal, per a que els ajudaren a que el senyor Temps i el vell Atzar es reconciliaren. L'Atzar, a pesar de tot, tan tossut com era, va fer camí tot sol i va deixar de quedar amb el Temps; solament es creuaven ocasionalment, i no es dirigien cap vocable ni gest... L'Atzar, en aquest sentit, va cridar a la Creativitat, filla del Temps i del Coneixement, i van entaular una bona relació, per la qual cosa van muntar un taller: l'Atzar es va fer inventor.

El senyor Temps, que sabia que al vell Atzar li havia pegat per inventar coses, va decidir que ell continuaria ordenant el Cosmos al seu ritme i sense presa, per tal de guanyar simpatitzants i que no tots l'abandonàrem i volgueren anar a viure amb l'Atzar.

Papirs Silerins o "Relats divins", de Frèdom l'explorador, de les Corts Bibliotecàries (segona part)

Fireu, el Bruixot

Fireu és aquell dels Onze Paladins que es va entregar a la màgia negra. Bé, això si no la va crear ell, que és el que defensen alguns investigadors –jo, ho confesse, ho he trobat escrit a les parets d'alguns temples antiquíssims–. Es diu que en un principi va ser un ésser que ajudava al pare Natura a fer florir els camps i les valls, que allà on anava ajudava a la flora a germinar i a créixer. Diuen que el seu alé feia reverdir les plantes grogues i donava vida als arbres morts, i que quan Aquell Món va patir el Dia de l'Aclofament i el terra es va vindre avall i es tragava els pobles i les ciutats dels nou regnes, Fireu el Bruixot va recitar un encanteri que va revifar els arrels de cada regne i va aconseguir parar l'enfonsament.

Fireu, però, va acabar cedint el seu potencial màgic a la nigromància. Es sol explicar que va començar a experimentar els poders obscurs i que, igual que va salvar els aquellmonians el Dia de l'Aclofament, de la mateixa manera els va involucrar en la Gran Tempesta. Sembla que no va poder controlar un dels seus conjurs i va sumir Aquell Món en una gran tempesta que va durar trenta-dos dies, fins que Cassara, l'Au de la ràbia, va pujar al cel i, amb el seu vol entre els núvols de la tempestat, va desfer el temporal i va retornar la pau als aquellmonians.

Des de la Gran Tempesta, Fireu el Bruixot es va refugiar en les Muntanyes de Cendra, i diuen els historiadors que el temple que allí tenen els seus seguidors va ser erigit i fundat per ell mateix. La major part de mags afirmen que Fireu el Bruixot es va penedir tant d'haver provocat la tempesta dels trenta-dos dies que va fer escola en el temple de les Muntanyes de Cendra i que des dels Tercers Dies, quan ja hi existia la llum, fins a hui, ha estat instruint els millors Bruixots Negres de la història. Diuen alguns d'aquests bruixots que Fireu sols es mostra en ocasions excepcionals als seus seguidors més destacats i als que major càrrec ostenten en el seu temple, però que açò ocorre poques vegades i sols per a guiar-los en un perfeccionament de les seues habilitats sempre amb un motiu especial. Els Sis –els Bruixots Negres amb més poder dins de la seua ordre– conten que l'han vist poques vegades, i que quan li han demanat consell, després d'invocar-lo, ell sempre ha respost indirectament, sense fer acte de presència. També conten que quan ha volgut ensinistrar algun Bruixot Negre especial, l'ha cridat en privat i l'ha atés en llocs desconeguts.

Terrater, el Guardià dels boscos

Un dels Onze Paladins, Terrater el guardià dels boscos ha estat a l'aguait al llarg dels nostres dies tenint cura de la naturalesa. Narren les inscripcions desxifrades dels temples més antics que Terrater és una ànima divina que pot instal·lar-se en qualsevol matèria o entitat salvatge de la naturalesa, com roques, arbres i rius, però que solament pot fer-ho durant un breu temps molt limitat. Alguns papirs més recents narren que va ser ell el causant del Dia de l'Aclofament, i que va ser el culpable de l'enfonsament de tants llocs i paratges d'Aquell Món. Hi ha alguns llocs, especialment les ruïnes del regne de l'oest, Gudmer, que tenen gravats, inscripcions, frescos i representacions artístiques similars que representen a Terrater, el Guardià dels boscos, com un gòlem tremend, un gegant el cos del qual consta d'una gran muntanya o massa de naturalesa com a tronc corporal, de dos rius com a braços i de dos amalgames d'arrels com a cames; algunes representacions afegeixen un cap, però no sabria com interpretar què és o de què està fet... Potser siga simbòlic o per a completar la il·lustració. És segons aquesta descripció que acabe de donar que sembla que ha estat creada la gran i sumptuosa estàtua de Terrater que podem trobar a la costa del regne de Gudmer, atribuïda des de fa anys al cèlebre i mític escultor Buteri.

Terrater el Guardià dels boscos té seguidors per tot Aquell Món, austers ascetes que vetlen pel bé de la natura peregrinant d'ací allà, netejant, millorant i cuidant els indrets i les terres d'Aquell Món, intentant fer dels paisatges uns llocs nets i virginals. Tenen els seus costums religiosos i veneren a Terrater construint sobris santuaris a la intempèrie, molts simples, amb a penes unes quantes pedres i un xicotet altar.

Ieri, l'odiat o el dels tres rostres

El Paladí Ieri és aquell que controla tres de les cinc estacions de l'any: l'Aiguada, la Boirosa i la Freda. Té tres màscares, i ningú sap tan se vol si té un rostre vertader. Sempre porta les tres màscares ficades de manera que envolten completament el seu cap, i en cadascuna de les estacions citades s'hi fica una màscara en concret al capdavant. La màscara que es fica en l'Aiguada diuen que representa una faç pesarosa, amb relleus de gotes –o llàgrimes– caient fins a la pereta punxeguda i amb les conques dels ulls ben obertes i buides,; las màscara de la Boirosa sol tenir a les estàtues els ulls tancats, i aparenta una faç fina; en la Freda, Ieri el dels tres rostres duu una màscara de gel escarpada, amb les conques dels ulls com si estiguera enfadat, i també buides.

Tot Aquell Món sap per què li diuen l'odiat, pel que em centraré en contar algunes de les característiques que el defineixen: els que l'han vist testimonien que duu túnica gris i corona daurada, i és cèlebre per la seua habilitat d'aparéixer i desaparéixer esfumant-se amb el vent. Diuen que quan apareix ho fa amb un flash, i que el centelleig enlluerna qui el veu. En les llegendes tribals es narra que durant les estacions que ha fet per governar, Ieri el dels tres rostres es passeja de nit per Aquell Món observant els fenòmens atmosfèrics que provoca; diuen que li semblen tan bells que alguns l'han trobat assegut observant pluges i tempestes als cims més alts de les muntanyes, que l'han trobat també de peu i immutable enmig de bancs de boira en molts llacs, i que més d'un aquellmonià l'ha vist mentre errava entre la neu. Fins i tot alguns juren que els ha salvat quan al llarg de les seues estacions s'han perdut en viatges i eixides de les seues localitats i s'han quedat desnodrits o han caigut sense forces, gelats o desorientats, però que sols els ha deixat a la entrada o a les portes d'algun poble o ciutat; és per això que alguns també el culpen d'haver deixat morir a algú quan, lliurant-lo on he dit, ningú ha avistat al defallit i ha acabat morint a les afores.

És cèlebre l'enfrontament i el desacord que hi ha a Aquell Món entre els creients de Ieri el dels tres rostres –jo preferixc no dir-li l'odiat, i ara sabreu de quin peu coixege. Hi ha els que defensem el comportament de Ieri en el passat, pensem que té motius per a actuar com ho fa i que quan s'ha equivocat no ho ha fet amb males intencions, per greus que hagen estat les conseqüències –som els que l'anomenem el dels tres rostres–; i hi ha els que li'ls critiquen, els actes, vilipendiant-lo al present i queixant-se de les seues accions salvífiques tantes vegades inacabades o inútils –són aquells que es decanten per dir-li Ieri l'odiat. Aquesta rivalitat ha desembocat, per exemple, en llargues manifestacions i festivitats tant detractores com partidàries del Paladí; el desacord ha fet que estiga prohibit parlar sobre els posicionaments de cada aquellmonià en llocs i establiments públics, tot després d'haver patit més d'una desgràcia lògicament innecessària.

Rholu, el gos protector

Rholu, el gos protector, és aquell dels Onze Paladins que es va veure involucrat en la llegenda del Vaixell Tremend. Aquest vaixell recorre les costes d'Aquell Món traslladant els aquellmonians d'un regne a un altre sense necessitat de travessar les extenses terres del continent. Diuen els iaios que generacions abans de la nostra, el Vaixell Tremend va xocar al regne del nord-est, Lemar, i ho va fer contra una gran penya que sobreeixia de la mar. Molts han culpat d'açò a Ieri el dels tres rostres, però pense que aquesta acusació és impossible de demostrar. Siga com siga, el vaixell va partir la xicoteta illa que formava la penya, i Terrater es va enfurismar tant que va decidir castigar els passatgers del Vaixell Tremend, i Terrater es va apoderar dels enderrocs de la penya i els va posseir, tot convertint-se en un gran colós de pedres i terra i atacant els pobres viatgers del vaixell que van sobreviure al xoc i intentaven fugir per mar i terra. Aleshores es diu que Ieri va intervenir, ningú sap si per a intentar defendre els supervivents o per tal de callar els que amb crits al cel el culpaven per la desgràcia. És aleshores quan va entrar en acció Rholu el gos protector: Ieri, potser impotent envers la força titànica de Terrater, va provocar un gran cicló amb trons que a més d'afectar a Terrater, va acabar amb moltes vides dels que fugien del naufragi, però Rholu va aparéixer corrent per l'horitzó i amb un simple rugit va neutralitzar el cicló de Ieri i l'energia del cos format per Terrater. Aleshores Rholu va soltar un suau bufit sobre la mar i va formar una plataforma de gel que s'allargava fins la platja més propera del regne de Lemar. Es sol contar que Rholu mateix va traure de l'aigua a molts aquellmonians que demanaven ajuda i que fins i tot es va submergir en l'aigua i va rescatar molta gent que s'ofegava.

A banda d'aquesta llegenda, que és la més coneguda entre les tantes que existeixen de Rholu, cal precisar també que quan arriba l'estació Floral, Rholu va de regne en regne rugint i desfent el temporal que Ieri provoca en la Freda. Es diu que el seu rugit que estimula la Floral és com una suau melodia que prové de totes parts i que alhora sembla provenir de la pròpia terra.

Rholu no té seguidors en sí; vull dir, en qualitat d'escola o clerecies. Tot i així, són abundants les tradicions populars que l'adoren i tenen costums que –es pensa– el fan sentir-se volgut i estimat. Tot Aquell Món el té com un Paladí ferm defensor de la pau, justicier i salvador.

Annex 2

AVANÇAMENT DE...

PARLAR² = PARLAR PER PARLAR

1. El cavall de Troia

Personae: Pep, Iaio Ambrosio

Pep: Iaio, ¿tu coneixes la història eixa de Troia? ¿La del cavall i el guerrer tan famós? És que la professora ens ha demanat que diguem als iaios que ens la conten, que de segur que la coneixen. És que vol que fem un treball molt important a partir d'aquesta llegenda.

Ambrosio: Pep, a veure... Que el teu iaio ho sap tot. El que sap el món, és una gota; i el que sap el iaio, un oceà.

Pep: Doncs no saps el que m'alegra sentir això. Vinga, doncs. Conta'm la història, va.

Ambrosio: ¡Uf! És molt llarga... Però bé, te la contaré, si insisteixes... Tot va començar quan a una boda, tres deesses van trobar una poma per terra, i com que tenien molta fam, es van barallar per ella.

Pep: ¿I qui se la va menjar?

Ambrosio: De moment ninguna de les tres. Com que no es posaven d'acord en qui era més digna de quedar-se-la, el déu més gran de tots, Zèbrus... (interromp Pep).

Pep: ¿Zèbrus...? A mi em sona que no es diu així... Et refereixes al dels rajos, ¿iaio? ¿A Zeus?

Ambrosio: Sí, eixe. Li diuen Zèbrus segur, perquè els científics de fa deu mil i vint mil anys li van posar eixe nom perquè els rajos que llançava des del cel pareixien les ratlles d'una zebra. Això de Zeus ho diuen per allà per Madrid.

Pep: Clar. Ara sí. Ja ho entenc. Perdó per la interrupció. Continua, per favor.

Ambrosio: Bé, doncs va dir Zèbrus que ell no volia problemes entre els déus, i va carregar el mort a un mortal que li deien París.

Pep: ¿Com la capital de França?

Ambrosio: Sí.

Pep: ¿I quin mort és eixe que dius? ¿Quina feina li va donar a París?

Ambrosio: Zèbrus va dir que París triés a la deessa més digna de menjar-se la poma. D'aquesta manera, les tres deesses van anar a buscar-lo.

Pep: ¿I què va fer París?

Ambrosio: París, que no era *tonto*, va dir a les deesses que donaria la poma a la més bonica, i la deessa Aprofita va despullar-se.

Pep: ¡¿Es va despullar?! ¿Així com així?

Ambrosio: Aquella aprofitava el seu cos tan bonic per a tot: d'ahí el seu nom... Bé, així doncs, París li va donar la poma a ella, i ella, a canvi, li va prometre la dona més bonica de la Terra.

Pep: ¡Vaja!

Ambrosio: Sí, sí... La cosa és que la dona eixa tan bonica ja estava casada amb un altre home.

Pep: ¿I què va passar, aleshores?

Ambrosio: Mira: Aprofita, com que era molt perversa, aprofitant que el seu home se n'anà a caçar, va furtar a Melena —aquella dona tan bonica—, i la va portar a Troia, la ciutat de París.

Pep: Quina deessa més malvada, iaio...

Ambrosio: Sí, quasi com la iaia, fill meu. Bé, tornem a la història. Quan Melenao, el marit de Melena, va adonar-se'n del furt, va anar a Troia amb un cavall per a recuperar la seua dona. Una vegada allí, va enviar el cavall a Troia a per Melena.

Pep: Iaio, ¿tu estàs segur que la llegenda és així? Crec que t'has botat un gran tros... A més, el cavall em sona a mi que era de fusta...

Ambrosio: ¡Què vaig a botar-me un tros! A més, ¡¿tu que sabràs?! Pensa un poc, fava: ¿com va un cavall de fusta a entrar en una ciutat i arreplegar a Melena, eh? ¡Que no t'enteres de la pel·lícula, Pep! Deixa'm a mi contar l'historia, que sóc jo qui la coneix, i no tu.

Pep: Però jo he sentit a classe alguna cosa d'un taló d'Aquil·les... ¿Segur que no t'has botat part de la llegenda?

Ambrosio: ¡Que no, cap d'oliva! Creu-me, que et dic la veritat.

Pep: Saps què, iaio, me'n vaig a que em conte la història la iaia, que amb ella almenys puc fer preguntes... Potser traga millor nota en el treball aquest de Troia... (Pep se'n va)

Ambrosio: Això, això. Ves-te'n amb ta iaia, ves-te'n... ¡Ai!... Déu els cria i ells s'ajunten... Que no li agrada la meua historia... A cavall regalat ni li mires la dent... ¡Un cavall de fusta!

2. Els grans poders

Personae: Pep, Joanet

Joanet: ¿Saps, Pep? Hui estava parlant amb mon pare i li he dit: "Està mal la cosa, ¿eh?".

Pep: ¿I què fots amb això? ¿Què coll t'ha dit ton pare?

Joanet: Mon pare s'ha girat cara a mi i m'ha llançat una d'eixes mirades com dient: "¿M'ho dius o m'ho contes?".

Pep: ¿Vols dir...?

Joanet: La cosa és que, xarrant, xarrant, he pensat: ¿a qui afecta la crisi? ¿A tots?...

Pep: Supose...

Joanet: Ni parlar-ne. I a mi que no em vinguen en mentides, eh.

Pep: ¿Per què?

Joanet: ¿Que per què? Ara de seguida t'ho conte, no patisques.

"Es que jo he estat calfant-me el cap: allà on vaig, sempre escolte de gent que l'han despatxat, que la seua empresa ha *quebrat*, o fins i tot que, conservant encara el seu treball, s'ha quedat sense casa o sense cotxe, o sense mòbil o tabac —per dir alguna cosa—. Però... ¿per què mai sent que a Rajoy o a Zapatero els falta el menjar —i qui diu menjar diu qualsevol cosa; diners, roba... ves tu a saber què...—. Des que conec això de la crisi —que en realitat no entenc—, que no he vist una sola notícia a la tele sobre algun polític que haja caigut en depressió perquè l'economia no estiga molt bé...

Pep: ¡Vinga, Joanet, no comences amb els polítics, eh!

Joanet: ¡Ai! Vinga, doncs deixem als polítics, bé, va. Mira: em tremolen les mans sols de pensar en ells. Va, canviem de tema...

Pep: Parla'm d'algú diferent...

Joanet: Algú de la mateixa raça, que hui tinc ganes de discutir... Va... Algú que també parle molt i faça poc... Algú que la solte de tant en tant, la mentideta piadosa... ¡Ja està! I dels bancs, ¿què? ¿Què em dius? Molt de fer publicitat de "aquest és el teu banc", "nosaltres t'ajudem" o "amb nosaltres ixes guanyant"... i, ¿com no?, la que més m'agrada a mi: "si tu guanyes, nosaltres també". ¡Clar que sí! ¡I floretes i periquitos! Vinga, va, que tu ja sé que sempre acabes content, i nosaltres, els clients innocents, a rossegar la sola de la sabata, com tots els dies.

Pep: Home, Joanet, no et poses així que la seua raó tindran, ¿no? Algun hi haurà que siga honrat. A més, això serà ara, ¿no?, perquè, si no, no haurien durat tants anys en peu. Segur que temps enrere no serien així, que la crisi...

Joanet: ¡¿Què dius, borinot?! Els bancs, en el passat, han fet sempre el mateixet que ara: enganyar a tot el món. I no em parles de la crisi, no em parles de la crisi, que la tindrem tu i jo hui, eh... ¡Però com em poses la crisi com excusa, cervell de bonyigo! Mira, jo no hauré estudiat ni seré catedràtic d'economia ni de política, però per al que vaig a dir-te no fa falta molt: ningú dóna per donar. I els bancs encara menys. ¡No solten un duro! I si en solten un, és per a guanyar-ne dos, ¿m'entens?

Pep: Doncs jo he sentit que alguns bancs han recolzat a algunes empreses...

Joanet: A tu és que te la claven per on volen, ignorant. ¿A qui creus que ajuden? A les grans empreses, que, per postres, són les que menys ho necessiten, ¿saps?

Pep: Home, vist d'aquesta forma...

Joanet: Mira-ho com vulgues, però t'assegure que no tindràs cap raó... Mira: als grans poders els ho donen tot, i a les xicotetes empreses o als autònoms no els donen res.

Pep: Perquè les grans empreses són més.

Joanet: ¡I una coca pa ta tia! Això serà en ta casa, que arrimeu la taula a la cadira. ¿Que els autònoms són pocs? ¿I les xicotetes empreses? Home, sí, estan dispersats, però t'ho dic jo, sens dubte: són més, i per desgràcia, sempre són els mateixos.

Pep: Ja... Clar... Vist així... Si es que aquest món no va a canviar fins que la gent no se n'adone que l'important és la gent...

3. D'infidelitat

Personae: Pep, Iaia Conxeta, Iaio Ambrosio

Pep: Iaia, iaio, ¿puc demanar-vos consell?

Conxeta: Clar que sí, fill meu. La iaia pot aconsellar-te pràcticament de tot. Serà per consells...

Ambrosio (en veu baixa): Tu fes-li cas, fes-li...

Pep: Es que necessite a algú que tinga experiència en la vida...

Conxeta: D'això no me'n falta, t'ho assegure. Però vinga, conta. ¿Què passa?

Pep: És que fa temps que vaig darrere d'una xica que m'agrada i...

Conxeta: I voldries que t'aconsellara en l'amor, ¿no? ¡Ai! ¡Que es fa major el meu xiquet!

Pep: Sí, iaia, sí... Bé, la cosa és que ella m'agrada des de fa prou de temps, i jo m'estic treballant molt el mèrit del seu afecte, però...

Conxeta: ¿Però...?

Pep: Ahir una amiga meua em va convidar a sa casa a fer el deure i...

Conxeta: ¿I...?

Pep: Que de colp a repent, a meitat equació, va i em dona un bes.

Ambrosio: ¡Maxo ahí, Pep! ¿I dius que et va besar sense tu moure un dit?

Conxeta: ¡Ai, calla, Ambrosio, que te'n vas per les rames! (A Pep) Conta, conta. ¿I què vas fer?

Ambrosio: ¿Què té que fer el xiquet? Deixar-se dur, com a *tontos*. ¡Que això no passa tots els dies, Conxeta!

Pep: Iaia, jo em vaig alçar de la cadira, vaig arreplegar trastos i me'n vaig anar...

Ambrosio: ¡¿Com?! ¡És que eres bajoca, Pep! És que et moriries de fam en una carnisseria! ¿Tu no has sentit això de "pardal que vola a la cassola"?

Pep: ¡És que jo no vull ser infidel, iaio!

Conxeta: Clar que no. Vas fer bé, fill meu.

Ambrosio (en veu baixa): Infidel... "Vas fer bé"... Així està, que no troba aigua en la mar...

Pep: Però...

Conxeta: ¿Però què? ¿Quin és el problema, Pep?

Pep: Doncs que a mi em va agradar...

Ambrosio: ¡Veus! Ja sabia jo que alguna cosa hauries heretat de la meua família... Que no és res mal això, Pep. ¡Que som humans! Tu aprofita la joventut, xaval. Aprofita el temps. ¡Carpa dèiem!

Conxeta: ¡Deixa estar les carpes ara, Ambrosio! Que el xiquet vol parlar d'amor i tu et desvies a la pesca. Que això de que en la mar hi ha molts peixos no anima gens mai, ¿que no ho saps, amb tants anys de vida?

Pep: Iaia, jo em sent mal. Crec que he traït a l'amor...

Ambrosio: ¡Calla, home! ¿La teua estimada sap el que ens contes?

Pep: No...

Ambrosio: ¡Aleshores ja està! ¿Per a què et calfes el cap? Per a això tinc jo un nom: ¡ulls que no veuen, cor que no sent!

Conxeta: ¡Ai, Ambrosio! Que al xiquet li fa mal el cor perquè està cec d'amor, d'amor vertader... Que l'amor sempre triomfa... i si no, mira (a Pep): ¿per què et dol ara el cor?... No patisques, que Déu et perdonarà si de veritat te'n penedeixes... La ceguera de l'amor et guiarà pel bon camí, segur. Tu tanca els ulls i que et guie el cor.

Ambrosio: Per a això també tinc un nom jo: ulls que no veuen, *caguerà* que xafen...

ALEJANDRO S. OLTRA SANGENARO (El Genovés, 1993) és professor graduat en Filologia Clàssica per la Universitat de València. Va cursar batxillerat a l'IES Josep de Ribera, a Xàtiva, i va estar un dels guanyadors de L'Olimpíada de Clàssiques 2011 de la universitat on estudià. També va quedar en segon lloc al premi d'ortografia en castellà de la Comunitat Valenciana l'any 2011. És president de l'associació cultural i benèfica Família Arcàdia i membre de la protectora d'animals Somni Animal APAG, i ha exercit diverses vegades com a monitor de tallers públics dels més diversos temes de literatura, investigació històrica i mitologia i religió. Es va estrenar com a escriptor amb *Cendres a batalla*, novel·la juvenil publicada a l'editorial Tabarca, i després va publicar pel seu compte el llibre de poesia *Primeros Poemas*, una recopilació dels seus primers escrits poètics en castellà.

Altres títols de l'autor en Amazon

LA VEU MÉS FOSCA
Alejandro S. Oltra

Vol. I / La veu que ningú veu

PRIMEROS POEMAS

ALEJANDRO S. OLTRA

Segunda edición

Printed in Poland
by Amazon Fulfillment
Poland Sp. z o.o., Wrocław